LEER EN ESPAÑOL. PRIMEROS LECTORES

NIVEL 2

El proyecto de Pedro

SANTILLANA ESPAÑOL

Pictodiccionario

la científica	 el comedor	 cortar el árbol
 el equipo de fútbol	 esconder	 España, español
 estar en peligro	 el experimento	 la jardinera
 la maceta	 el partido de fútbol	 la selva